بِسْمِ اللهِ الرَّحْمٰنِ الرَّحِيْمِ

به نام الله، بخشنده مهربان

الله ﷻ یگانه و بی‌همتاست.

.برای کودکی ویژه از سوی الله
باشد که تو را به عشق، رحمت و نور او نزدیک‌تر کند

شناخت خداوند خالق ما

کتاب معرفی خداوند برای کودکان

The Sincere Seeker Collection

الله ﷻ یگانه و بی‌همتاست.
او خالق مهربان ماست که تو،
من و هرچه را می‌بینیم آفرید.

هر روز، الله ﷻ از ما مراقبت می‌کند—
به ما غذای خوشمزه و تخت‌های گرم و نرم می‌دهد و ما
را در امان نگه می‌دارد.

الله ﷻ بالاتر از همه چیز است و همیشه با عشق
مراقب ماست

الله جَلَّ جَلَالُهُ سیاره‌های بزرگ و سیاره‌های کوچک را هم آفرید.

او زمین را خانه‌ی زیبای ما آفرید.

شب‌ها ستاره‌ها چشمک می‌زنند تا آسمان را روشن کنند.

الله جَلَّ جَلَالُهُ جهان را آفرید تا با شگفتی به آن نگاه کنیم.

الله ﷻ ماهِ کامل را آفرید تا شب‌ها بدرخشد.

او ابرهای نرم را می‌آفریند که آرام‌آرام بالای سر ما شناورند.

او باران می‌فرستد تا گیاهان رشد کنند و زمین پاکیزه شود.

او بادها را به هر سو می‌فرستد و گرمای خورشید را می‌دهد تا چیزها شکوفا شوند.

الله جَلَّ جَلَالُهُ آبِ خنک و آبِ گرم را آفرید.

او رودخانه‌هایی را آفرید که جاری‌اند،
اقیانوس‌های بزرگ با موج‌ها،
و دریاهای ژرفی که موجودات شگفت‌انگیز در آن پنهان می‌شوند.

او موج‌ها را بالا و پایین می‌برد—
گاهی آرام، گاهی نیرومند.

الله جَلَّ جَلالُهُ کوه‌های بلند را آفرید که تا آسمان می‌رسند.

او تپه‌های کوچکِ برفی را آفرید که زیر آفتاب می‌درخشند.

هر کوه، قدرت و زیبایی او را نشان می‌دهد.

الله ﷻ درختان موز و پرتقال را با میوه‌های خوشمزه آفرید.

او دنیا را از گل‌های رنگارنگ و عطرهای شیرین پر کرد.

بعضی در باغ‌ها شکوفه می‌دهند؛
بعضی دیگر در دشت‌ها خودرو رشد می‌کنند.

هر کدام هدیه‌ای ویژه از سوی الله ﷻ است تا به ما شادی ببخشد.

الله ﷻ به ما خانواده‌ها را داد تا همدیگر را دوست داشته باشیم و مراقب هم باشیم.

پدر و مادر از ما محافظت می‌کنند، و خواهر و برادرهای مهربان بازی می‌کنند و شریک می‌شوند.

خانواده‌ها یک هدیه‌ی ویژه‌اند.

الله

الله ﷻ حیوانات بزرگ را آفرید.

مثل فیل‌هایی با خرطوم‌های بلند.

و خرس‌هایی با پشم نرم و پف‌دار.

او تمساح‌های سبز با دندان‌های تیز آفرید.

و نهنگ‌های غول‌پیکری که در عمق دریا شنا می‌کنند.

الله جَلَّ جَلالُهُ حیوانات کوچک را هم آفرید.

مثل کفشدوزکِ کوچولو.

و زنبورِ وزوزکننده.

او مورچه‌ها، ملخ‌ها و پروانه‌هایی را آفرید که در نسیم بال‌بال می‌زنند،
و سنجاقک‌هایی که تند از میان هوا می‌گذرند.

هر کدام خلاقیت شگفت‌انگیزِ الله جَلَّ جَلالُهُ را نشان می‌دهد!

الله جَلَّ جَلالُهُ به ما خوراکی‌ها و نوشیدنی‌های سالم می‌دهد تا کمک کند قوی رشد کنیم.

ما نان تازه، انگور شیرین، سیب‌های آبدار و عسلِ طلایی داریم.

و پنیر زرد، شیرِ خامه‌ای و مرغِ آبدار هم داریم!

هر لقمه و هر جرعه،
نعمتی از سوی الله جَلَّ جَلالُهُ است.

سپاسگزاریم، الله جَلَّ جَلالُهُ،
برای همه‌ی خوراکی‌های خوشمزه‌ای که به ما می‌دهی!

الله ﷻ به ما زندگی و نعمت‌های فراوانِ دیگری هم داده است!

خانه‌ای گرم و نرم و ماشینی که ما را به سفرهای خوش می‌برد.

دو دست برای ساختن،
دو چشم برای دیدن و دو گوش برای شنیدن.

و قلب‌هایی که با عشق می‌تپند.

سپاسگزاریم، الله ﷻ ،
برای همه‌ی این هدیه‌های شگفت‌انگیز!

الله ﷻ همه چیز را می‌بیند و می‌شنود،
حتی آرام‌ترین فکرهای ما را.

او می‌داند در دلِ ما چیست و همه‌ی آنچه درونِمان
احساس می‌کنیم.

او به فکرهای شاد و کارهای مهربانِ ما توجه می‌کند.

الله ﷻ همیشه با مراقبت و عشق از ما نگهبانی
می‌کند.

الله ﷻ ما را بیشتر از آنچه بتوانیم تصور کنیم دوست دارد!

عشق او از اقیانوس ژرف‌تر و از خورشید درخشان‌تر است.

او وقتی می‌خندیم یا گریه می‌کنیم،
وقتی بازی می‌کنیم یا دعا می‌کنیم، مراقب ماست.

بیایید با یاد کردن الله ﷻ،
دعا کردن به او، و انجام کارهای خوب،
عشقمان را نشان دهیم!

هر خوبی از سوی الله ﷻ می‌آید.

او نورِ آسمان‌ها و زمین است.

الله ﷻ با نورِ خود ما را هدایت می‌کند و کمک می‌کند دلِ ما راَه درست را انتخاب کند.

وقتی کار خوب انجام می‌دهیم،
دلِ ما هم روشن می‌درخشد.

ما به الله ﷻ دعا می‌کنیم چون او ما را آفرید و خیلی دوستمان دارد.

ما هم او را دوست داریم.

وقتی کمک می‌خواهیم، الله ﷻ ما را می‌شنود و به بهترین روش پاسخ می‌دهد.

ما می‌توانیم هر زمان با الله ﷻ حرف بزنیم—در شادی‌ها و غم‌ها.

الله ﷻ همیشه نزدیک است و همیشه می‌شنود.

الله ﷻ به کسانی که به او ایمان دارند و کار خوب انجام می‌دهند بهشت را وعده می‌دهد—

جایی پر از شادی که آرزوها برآورده می‌شوند.

رودهای عسلِ شیرین و شیر جاری خواهند شد.

باغ‌ها با گل‌هایی شکوفا می‌شوند که هرگز پژمرده نمی‌شوند.

میوه‌های خوشمزه،
لباس‌های زیبا و خوشبختیِ بی‌پایان خواهد بود.

بیایید الله ﷻ را دوست داشته باشیم،
کار خوب انجام دهیم و بهترین تلاشمان را بکنیم—
تا روزی در بهشت با او باشیم!

پایان

باشد که این سفر تو را نزدیک‌تر کند
به عشق و حکمت بی‌پایان الله جَلَّ جَلالُهُ.